Krafttiere

Chen Lu Wang

KRAFTTIERE

**Woher stammen sie
und wie kann man ihnen begegnen?**

Bibliografische Information der Deutschen Nationalbibliothek:
Die Deutsche Nationalbibliothek verzeichnet diese Publikation in der Deutschen Nationalbibliografie; detaillierte bibliografische Daten sind im Internet über http://dnb.dnb.de abrufbar.

TWENTYSIX – Der Self-Publishing-Verlag
Eine Kooperation zwischen der Verlagsgruppe Random House und BoD – Books on Demand

© 2017 Chen Lu Wang

Herstellung und Verlag:
BoD – Books on Demand, Norderstedt

ISBN: 9783740745639

Cover: Pixabay, Nr. 238931/Josch13
Weitere Mitwirkende: **Remo Kelm, Selfpublishing Solutions**

INHALT

1. Einleitung
2. Schamanismus
3. Visionssuche der Indianer
4. Totemismus
5. Krafttiere/Totem-Tiere in der Esoterik
6. Krafttiere kritisch betrachtet
7. Das persönliche Krafttier finden und deuten
8. Wichtige Krafttiere in den verschiedenen Kulturen
    - 8.1 Nordische Mythologie
    - 8.2 Keltische Mythologie
    - 8.3 Hinduistische & Indische Mythologie
    - 8.4 Ägyptische Mythologie
    - 8.5 Asiatische Mythologie
9. Nachwort

Quellangaben

1. Einleitung

Die Lehre davon, dass jeder Mensch ein Krafttier besitzt, das einen unterstützt und begleitet und hilfreich durch die Stürme des Lebens führt, ist eine weitverbreitete und akzeptierte Tatsache – zumindest in einigen Kreisen.

Um was es sich allerdings bei den Krafttieren tatsächlich handelt, wo sie ihren Ursprung haben, was sie bedeuten und wie man ihnen begegnet, versuchen wir in diesem Büchlein herauszufinden.

Zunächst muss man feststellen, dass die Idee hinter den Krafttieren von den sibirischen Schamanen stammt. Diese Praxis wurde kombiniert mit der Vision Quest und den Totemtieren der nordamerikanischen Indianerstämme.

Zum Schluss wurde das Konzept in den Neoschamanismus übernommen und ist mit weiteren Abwandlungen in die esoterischen Lehren eingegangen.

Wir werden uns daher zunächst die Hintergründe des Schamanismus und der Vision Quest und Totemtiere anschauen, um zu verstehen, was die ursprüngliche Absicht dahinter war, ein Krafttier zu haben oder haben zu wollen oder zu müssen.

Dann sehen wir uns die Tiere an, die als unser Krafttier infrage kommen. Dabei muss berücksichtigt werden, dass wir die Eigenschaften der Tiere stets aus Mythen, Fabeln oder Legenden kennen und auf die Krafttiere anwenden, denen wir begegnen werden.

In verschiedenen Kulturen werden jedoch die Tiere unterschiedlich interpretiert. Eine allgemeingültige Anleitung, was z. B. ein Hase zu bedeuten hat, der in Deutschland einfach munter auf dem Feld hüpft oder als Osterhase und Fruchtbarkeitssymbol an Ostern bunte Eier bringt, ist nicht zu vergleichen mit dem Bild, das in Asien über den Hasen vorherrscht, der als Begleiter der Mondgöttin angesehen wird.

Aus diesem Grund müssen wir uns auch einen kurzen Überblick verschaffen, welchen Tieren Sie begegnen könnten und worauf Sie bei der Interpretation achten müssen.

Wenn Sie bedenken, wie viel religiöse Symbolik hinter diesen Tieren steckt und wie viele Mythen und Fabeln wir uns anschauen müssten, dann ist Ihnen klar, dass wir uns nicht mit allen verfügbaren Fakten weltweit im Detail beschäftigen können. Das würde den Rahmen des Buches bei Weitem sprengen.

Stattdessen sollten Sie zu dem Verständnis gelangen, was Ihnen begegnen könnte und Sie dazu animieren, jedes Tier, dem Sie auf Ihrer Suche begegnen, speziell zu durchleuchten und sich mit ihm zu beschäftigen. Das hilft Ihnen mehr, als vorab endlose Listen zu durchforsten.

Das Tier will Ihnen durch seine besonderen Charaktereigenschaften helfen: als Begleiter, als Beschützer, als Ratgeber. Es will Sie vielleicht Demut lehren oder Liebe oder mehr Humor in Ihr Leben bringen. Je nachdem, welches Tier sich Ihnen zeigt, können seine Absichten vielfältig sein. Vielleicht haben Sie sogar mehrere Tiere, die Sie unterstützen?

Selbstverständlich erhalten Sie am Ende des Buches auch Tipps, wie Sie es anstellen können, am schnellsten und einfachsten mit ihrem Krafttier in Kontakt zu treten. Sollten Sie dies mittels Meditation bewerkstelligen können, dann können Sie sich sogar mit Ihrem Tier unterhalten und es wird Ihnen alles persönlich erklären.

2. Schamanismus

Betrachten wir nun, wie eingangs erwähnt, zunächst den Schamanismus als Quelle und Ursprung der Krafttiere. Die Schamanen gehen davon aus, dass Geist und Natur eine Einheit bilden. Alles ist beseelt. Auf dieser Grundlage ist es nur natürlich, dass sie mithilfe des Geistes auch versuchen, Problemlösungen zu finden. Dies gelingt ihnen, indem Sie sich auf Seelenreisen bzw. schamanische Reisen in andere Welten begeben.

Da alles miteinander verbunden ist, kann das menschliche Leben von dort beeinflusst werden – zum Positiven und zum Negativen. Für viele Probleme, wie zum Beispiel Krankheiten, aber auch zur Beeinflussung einer bevorstehenden Jagd oder wegen einer Zukunftsprognose kann dort eine Lösung gefunden werden. Diesseits, Jenseits, Mensch, Natur, Geist, alles steht miteinander in Wechselwirkung.

Das eigentliche Wort „Schamanismus" umfasst ursprünglich lediglich die „religiösen Heiler und Geisterbeschwörer" Sibiriens, also die sibirischen Schamanen. Dabei handelt es sich sowohl um Männer als auch um Frauen, die zwischen unserer Welt und der Geisterwelt zu vermitteln suchen.

Schamanen erfüllen innerhalb ihrer Gesellschaft mehrere Funktionen, da sie sich um die leibliche und geistige Gesundheit ihrer Klienten kümmern und nebenbei das soziale Gefüge in Harmonie halten. Daneben können sie ihrer Umwelt auch von den anderen Welten und Erfahrungen berichten, die sie dort gemacht haben. Somit kann man sie gleichzeitig nicht nur als Mystiker, sondern auch als Arzt/Heiler/Psychotherapeut, Priester und sogar Sozialarbeiter betiteln.

Abb. 1: Burjaten-Schamane mit Trommel im Zeremonialgewand (1904).

Wer ihnen allerdings nicht abnimmt, dass sie tatsächlich mit den jenseitigen Ebenen in Kontakt stehen, wird sie eher als geisteskrank einstufen. So gesehen haben die Schamanen durchaus nicht nur einen positiven Ruf. Alexander Zicke definiert in seiner Arbeit den Schamanen so: *„Der Schamane ist ein Mensch, der in einem veränderten Bewusstseinszustand außerhalb von Raum und Zeit ist."*

Traditionell haben die sibirischen Schamanen, um die es hier geht, aber auch viele ihrer Kollegen in anderen Ländern oder religiösen Gemeinschaften die Gabe, jenseitige Mächte (Ahnen, Geister, Dämonen) zu beeinflussen, mit deren Hilfe sie irdische Probleme lösen können. Meist wird um Heilung oder Rat gebeten.

(Es gibt zwar Völker außerhalb Sibiriens, die ähnliche Konzepte und Praktiken besitzen, doch wäre es nicht korrekt, deren Geisterbeschwörer und Heiler ebenfalls als Schamanen zu bezeichnen. Es ist allerdings richtig, dass sich der ursprüngliche Schamanismus ausbreitete und mit anderen Kulturen vermischte, wobei er sich dann in verschiedenen Varianten weiter verbreitete.

Beispielsweise kamen die sibirischen Völker gegen Ende des 19. Jahrhunderts mit dem Buddhismus in Berührung, woraufhin sich diese Religion mit ihrer bisherigen Weltanschauung und ihren Praktiken vermischte. So gab es als Folge davon erste Männer, die gleichzeitig Schamanen aber auch Lamas waren.)

Die sibirischen Schamanen begeben sich in Erfüllung ihrer Aufgabe (mithilfe von Trommeln oder auch Drogen) auf ihre schamanischen Reisen, wobei sie sich durch die Trommelklänge in eine Art rituelle Ekstase versetzen. Dieses Konzept existiert auch in anderen Kulturen, wie gesagt gehören diese jedoch rein begrifflich nicht zu den ursprünglichen klassischen Schamanen.

Diesen Praktiken liegt eine religiöse Weltanschauung zugrunde, die mit diesen Ritualen eng verknüpft ist. Der Schamanismus selbst ist aber keine eigenständige Religion und beansprucht dies auch nicht für sich. Es geht dabei eher um therapeutische Maßnahmen für die Ratsuchenden.

Wie Autor Mihály Hoppál sagt, umfasst dieses System *„den Glauben, der die Hilfsgeister der Schamanen verehrt, und das Wissen, das die heiligen Texte (Schamanengesänge, Gebete, Hymnen und Legenden) hütet. Es beinhaltet die Regeln, die den Schamanen bei der Aneignung der Ekstasetechnik leiten, und es verlangt die Kenntnis der Gegenstände, die bei der Séance zur Heilung oder zur Wahrsagung benötigt werden. Im Allgemeinen treten alle diese Elemente gemeinsam auf."*

Michael Harner und der Neoschamanismus

Einige Autoren, darunter auch Michael Harner, fassten den Begriff „Schamanismus" weiter und bezeichneten alle ähnlichen Vertreter anderer Religionen, die in Kontakt mit Geistern traten (z. B. indianische Medizinmänner) auch als Schamanen.

Michael Harner ist sehr bekannt. Er hat die Foundation for Shamanic Studies gegründet und führt die Webseite http://www.shamanism.org, wo detaillierte Informationen über seinen „Core-Schamanismus" nachzulesen sind.

Obwohl er sich schon seit über 50 Jahren mit dem Schamanismus beschäftigt, werden ihm und anderen gleichdenkenden Autoren vorgeworfen, dass sie das ursprüngliche Konzept verfälschen. Denn sie würden durch ihre Verallgemeinerung und falsche Auslegung den klassischen Schamanismus Sibirien fehlinterpretieren, indem sie ihn aus seinem natürlichen geografischen, historischen und kulturellen Umfeld lösen und ihn mit weiteren Praktiken bestücken, die aber zu anderen Varianten anderer Völker gehören.

Dieser Vorwurf ist in der Tat nicht ganz von der Hand zu weisen. Denn wie wir noch sehen werden, gibt es durchaus Unterschiede in den verschiedenen Kulturen und mann kann sie nicht einfach über einen Kamm scheren.

Besonders die Religion und die spirituellen Ansätze der Indianer Nordamerikas wurden gemeinsam mit dem sibirischen Schamanismus zusammengefasst. Aber auch spätere, künstlich durch Trance oder Drogen herbeigeführte veränderte Bewusstseinszustände wurden vereinfacht und dem Bereich „Schamanismus" zugeordnet.

Harners Versuch einer Verallgemeinerung des Phänomens, indem er allen ähnlichen Praktiken verschiedener Geisterbeschwörer anderer Ethnien die Klassifizierung „Schamanismus" überstülpte, verfälschte den ursprünglichen Begriff und ergab eine verwaschene Art von Neoschamanismus.

Dieser Neuschamanismus versucht, dem breiten Publikum die Lehren und Praktiken zugänglich zu machen, ohne dass die schwierigen oder auch „gefährlichen" Teile der Rituale wie zum Beispiel die oben erwähnte ekstatische Trance oder die bei den Naturvölkern zur Unterstützung eingesetzten Drogen zum Einsatz kommen.

Diese Idee ist grundsätzlich gut. Dadurch kann er Leuten die Thematik näher bringen, ohne Ihnen vorzuschlagen, sich ungeübt und mit Drogen oder fremden und für den Laien unbeherrschbaren Ritualen in Trance zu versetzen.

Abb. 2 Darstellung eines Medizinmannes (Schamanen) der Schwarzfuß-Indianer von Georg Caitlin, 1832

Seine vereinfachten und leicht nachvollziehbaren Thesen sind daher sehr beliebt, besonders beim esoterisch interessierten Publikum.

"Nachdem ich persönlich mehr als ein halbes Jahrhundert lang Schamanismus, schamanische Heilung und schamanische Reisen praktiziert habe, kann ich sagen, dass ich in den Berichten über die spirituellen Erfahrungen von Heiligen, Propheten, psychedelischen Drogen-Experimentatoren, Überlebenden mit Nahtoderfahrungen, Avataren und anderen Mystikern nichts gefunden habe, was nicht häufig erlebt wird, wenn man den klassischen Reisemethoden folgt, die eine Trommel verwenden." (Michael Harner)

„*Schamanen werden oft in ihrer Stammessprache "Seher" oder "Leute, die wissen" genannt, weil sie in ein Wissenssystem eingebunden sind, das auf Erfahrungen aus erster Hand basiert. Schamanismus ist kein Glaubenssystem. Es basiert auf persönlichen Experimenten, die durchgeführt wurden, um zu heilen und Informationen zu erhalten.*

Die Leute fragen mich: "Woher weißt du, ob jemand ein Schamane ist?" Ich sage: "Das ist einfach. Reisen sie in andere Welten? Und vollbringen sie Wunder?" ...“ (Michael Harner)

Die rituelle Ekstase der Schamanen

Die „rituelle Ekstase" kommt in allen schamanischen Konzepten vor. Sobald ein Patient Heilung benötigt, begibt sich der Schamane auf die Seelenreise in die Geisterwelt, um dort zu erfragen, wie die Heilung bewerkstelligt werden kann.

Man ging davon aus, dass die Krankheit durch ein Ungleichgewicht der diesseitigen und der jenseitigen Welt entstanden ist und der Patient wieder gesund werden würde, wenn man die Welten in Einklang bringen würde.

Für die richtige Durchführung des Rituals mussten verschiedene wichtige Punkte eingehalten werden, auch die richtige Zeit und der richtige Ort gehörten dazu, wenn die Seelenreise erfolgreich sein sollte.

Diese Reise bzw. die Ekstase kann als Austreten der Seele aus dem Körper (wie bei einer Nahtoderfahrung oder Astralreise) oder als Besessenheit durch einen Geist (wie beim Voodoo) erlebt werden.

Für den Schamanen läuft die Reise selbst vor seinem inneren Auge ab wie ein Klartraum, also einen Traum, den er steuern und kontrollieren kann. Dabei reduzieren sich seine Lebensfunktionen wie Atmung und Herzschlag oder Körpertemperatur auf ein Minium. (Etwas, was buddhistische Mönche in ihrer Meditation ebenfalls absichtlich herbeiführen können.)

Zur Herbeiführung des gewünschten Trancezustandes kann der Schamane mentale Techniken einsetzen, aber auch die erwähnten Trommeln oder Rasseln, einen Trancetanz, Gesang oder bestimmte Atemtechniken in Verbindung mit vorgeschriebenen rituellen Körperhaltungen.

Nebenbei können auch Räuchermischungen verbrannt werden oder der Schamane kann Drogen einnehmen. Dies ist in Sibirien jedoch nicht üblich, es kam aber vor, dass der Fliegenpilz dafür eingesetzt wurde.

Die Trommeln sind das bekannteste Hilfsmittel. Sie müssen mit ca. 210 – 230 Trommelschlägen pro Minute geschlagen werden. Damit erreichen sie ungefähr den Bereich von 3,5 bis

4,4 Hertz, was der Frequenz der Hirnwellen im Schlaf- oder Meditationszustand entspricht.

In diesem Zustand sind Halluzinationen möglich, daher lässt sich auch nicht mit Sicherheit sagen, was die Schamanen in diesem Zustand genau erleben und ob sie eine wirkliche Reise ins Jenseits durchführen oder lediglich ausführliche Halluzinationen haben.

Die schamanische Kosmologie

Wie sah diese Welt aus, in der die Schamanen ihre Geister trafen?

Grundlage war die spezielle Mythologie oder Kosmologie, die von mindestens 3 Ebenen ausging: Der Unterwelt, unserer irdischen Welt und dem Himmel.

Unterwelt und Himmel waren beide das „Jenseits" und wurden von hilfreichen bzw. bösartigen Geistern bewohnt. Geister leben übrigens auch unter uns und müssen gelegentlich besänftigt werden.

Die drei Ebenen werden von der Weltenachse zusammengehalten. Die Jenseitswelten unterteilten sich in weitere Ebenen und so musste der Schamane bei seinen Reisen stets eine „Karte" dieser Welten im Kopf haben, um sich nicht zu verirren.

Die Übergänge der Welten sind grundsätzlich leicht durchlässig (zu manchen Zeiten mehr, zu anderen weniger) und erleichtern dadurch die angestrebte Reise.

Der Schamane muss außerdem die verschiedenen Arten der Geister kennen, damit er genau weiß, an wen er sich in welchem Fall wenden muss:

Bei schweren Krankheiten waren böse Geister der Auslöser. Diese musste der Schamane kontaktieren, wenn er einen Patienten heilen wollte.

Daneben gab es Herren oder Herrinnen sowie Mütter der Tiere, die der Schamane aufsuchen konnte, wenn die Jagd lange Zeit erfolglos war und der Stamm Hunger litt.

Die frühen sibirischen Stämme als Jäger und Nomaden hatten einen besonders engen Bezug zu den Tiergeistern, da ihr Überleben von einer erfolgreichen Jagd abhing.

Die Tiere wurden nach bestimmten Ritualen gejagt und getötet – nie mehr als nötig, sonst wären die Herren der Tiere sauer und würden die Menschen bestrafen.

Außerdem wurden die Schädel der getöteten Tiere zusammen mit Opfergaben an das Jenseits zurückgeschickt mit der Bitte, die Tiere wieder zum Leben zu erwecken. (Achten Sie im späteren Kapitel auf diesbezügliche Ähnlichkeiten bei den germanischen Opfertieren.)

Im Jenseits lebten natürlich auch die Verstorbenen, denn die Seele selbst ist ja unsterblich. In verschiedenen Notsituationen, wo dringender Rat notwendig war, konnten die Schamanen daher ihre Ahnen konsultieren.

Ganz wichtig für die Schamanen waren die Hilfsgeister, die sie bei ihrer Reise unterstützten. Die Geister konnten ihre Gestalt wechseln und sich als Mensch oder Tier präsentieren.

Jeder Schamane benötigte mehrere dieser Hilfsgeister, je nachdem, wohin er im Jenseits zu reisen beabsichtigte, denn jeder Geist hatte eine bestimmte Qualität oder Kompetenz, mit der er den Schamanen unterstützen konnte. Wurde der

Geist nicht ausreichend geschätzt oder respektiert, konnte er sich beim Schamanen rächen und ihn sogar töten.

Der Schamane wurde auch von Schutzgeistern begleitet. Dabei handelt es sich jedoch meist nur um einen einzigen Geist, der fast das Ansehen eines Gottes besaß.

Manchmal handelte es sich um den Geist eines bereits verstorbenen Schamanen, einem Ahnen. Oder einer weiblichen „Tiermutter". Denn man ging davon aus, dass ein Schamane bereits im Jenseits von einer Tiermutter geboren oder bei sich aufgenommen worden war.

Kam er dann in die irdische Welt, war er dieser Tiermutter eng verbunden und sie fungierte als sein Schutzgeist. Daher stammte die Idee der schamanischen Doppelnatur (als Mensch und Tier).

Manchmal mischte sich dieser Begriff mit der oben aufgeführten Herrin der Tiere oder Mütter der Tiere. Auch hier musste der Schamane strikt darauf achten, den Schutzgeist zu ehren und gut zu behandeln, damit dieser ihn nicht im Stich ließ. Denn ohne den Schutzgeist verlor er alle seine Fähigkeiten, wurde krank und starb.

Die Jenseitswelt der Schamanen war auch von Gottheiten und Elementargeistern bevölkert, mit denen der Schamane jedoch praktisch nichts zu tun hatte. Er suchte sie gewöhnlich bei seinen Reisen auch nicht auf.

3. Visionssuche der Indianer

Die Visionssuche wird auch „Vision Quest" genannt. Sie kommt häufig in den Religionen der amerikanischen Ureinwohner (Nord- und Südamerika) aber auch bei den Eskimos zum Einsatz, um mittels dieser Vision zu erfahren, welcher Lebensplan für den betreffenden Menschen vorgesehen ist.

Im Rahmen dieser Vision kommt es zu Begegnungen mit Schutzgeistern (z. B. Verstorbenen) oder Tiergeistern, die einem „real" oder im Traum erscheinen. Sie erklären dem Suchenden seinen Lebenszweck, seine Rolle in der Gemeinschaft und erläutern, wie er seinem Volk am besten dienen kann.

Wer diese Vision erleben möchte, zieht sich an einen abgelegenen Ort zurück, wo er nach einer ausgiebigen Reinigungszeremonie anschließend durch Fasten und Schlafentzug um eine Vision bittet bzw. um die Begegnung mit seinem Schutzgeist. Die hierfür notwendigen Gebete und Meditationen sind ebenfalls ritualisiert.

Wie man weiß, führt langer Schlafentzug zu Halluzinationen, was in Kombination mit der fehlenden Nahrung einen veränderten Bewusstseinszustand herbeiführt.

Gerne gehen die Indianer für die Vision Quest auf Berge, weil sie dem Himmel dort näher sind. Die Suche nach einer Vision kann sich über mehrere Tage hinziehen, manchmal auch über Wochen, üblicherweise reichen jedoch 4 Tage. Je länger es dauert, desto ausgezehrter sind die Suchenden und desto wahrscheinlicher sind die Halluzinationen, die sie aufgrund Nahrungs- und Schlafmangel erleben.

Häufig wird die Suche nach einer solchen Vision oder der Begegnung mit dem persönlichen Schutzgeist von jungen Männern durchgeführt und symbolisiert für sie die Schwelle zum Erwachsenenleben. Aber auch Frauen können auf Visionssuche gehen.

Nicht zu verwechseln mit dieser Suche nach einer Vision und Lebensaufgabe ist die schamanische Seelenreise, bei der der klassische Schamane in die Geisterwelt reist, um sich den Rat der Ahnen zu holen oder mit bösen Geistern Kontakt aufnimmt, die seinen Patienten daran hindern, gesund zu werden.

Diese Visionssuche ist eine persönliche Angelegenheit, die jeder ganz alleine bewerkstelligen kann, ohne sich mithilfe von Räucherwerk oder Drogen oder ekstatischen Tänzen oder auch der Hilfe von Schamanen, Medizinmännern und Priestern in rauschähnliche Zustände zu versetzen.

Die Frage ist natürlich auch hier, genau wie bei den schamanischen Ritualen, ob die Visionen (oder dort die Erlebnisse der Seelenreise) allein auf die Halluzinationen zurückzuführen sind oder ob sie tatsächlich erlebt werden. Auf jeden Fall sind sie für denjenigen, der sie durchführt „real" und glaubhaft.

Die so erhaltenen Visionen müssen dann mit den Stammesältesten, die auch den abgeschiedenen Ort ausgesucht haben, besprochen werden, damit sie gedeutet werden können.

Vergleich: Visionssuche in der modernen Esoterik

Meist wird in den modernen Quellen von einer Quest-Dauer von nur 4 Tagen gesprochen. So wird es auch in den heutigen esoterischen Praktiken weitergegeben, wo Vision Quests als Seminare angeboten werden. Diese haben aber mit der traditionellen Suche nicht mehr viel am Hut.

Die modernen Visionssuchen kamen in den 1970er Jahre auf als der Psychologe Steven Foster zusammen mit seiner Frau

Meredith Little die drei Schwerpunkte *Alleinsein, Nahrungs- und Schlafentzug* aus der Tradition der indianischen Vision Quest entnahm und für die westliche Gesellschaft in ein neues Gewand verpackte.

Die daraus abgeleiteten Seminare werden vorab gut vorbereitet, den Teilnehmer wird notwendiges mystisches bzw. esoterisch-spirituelles Wissen vermittelt und es werden Sicherheitsvorkehrungen getroffen, die bei den indigenen Völkern nicht vorherrschen. So muss zum Beispiel in den Seminaren im Gegensatz zu den Indianern niemand während der Vision Quest auf Wasser verzichten.

UNDRIP

Die indianischen Völker sind von der (falschen) Weiterverwendung ihres spirituellen Wissens überhaupt nicht angetan, vor allem auch, weil es bei der falsch verstandenen Anwendung von Schwitzhütten bereits zu Todesfällen gekommen ist.

Die Indianer wie z. B. die Lakota haben sich daher gegen die Ausbeutung ihrer Spiritualität zur Wehr gesetzt und konnten 2007 bei den Vereinten Nationen erreichen, dass eine Erklärung verabschiedet wurde, die ihre Kulturen und Zeremonien schützt und vor einer Verletzung ihrer Traditionen und Bräuche bewahren soll. Ob und wie diese Vereinbarung eingehalten wird, bleibt dahingestellt.

Weitere Infos über **United Nations Declaration on the Rights of Indigenous Peoples** (UNDRIP) unter

https://www.un.org/development/desa/indigenouspeoples/declaration-on-the-rights-of-indigenous-peoples.html

oder als pdf:
http://www.un.org/esa/socdev/unpfii/documents/DRIPS_en.pdf

https://en.wikipedia.org/wiki/Declaration_on_the_Rights_of_Indigenous_Peoples

4. Totemismus

Wir kennen aus den Indianerfilmen die Marterpfähle und die Totempfähle, die als hübsche bunte Kulisse Bestandteil aller Hollywood-Indianerdörfer sind. Diese Totempfähle stellen die Totems der jeweiligen Clans dar und besitzen eine wichtige mythologische, aber auch politische und soziale Bedeutung.

Der Clan oder Stamm fühlt sich auf mythologischer Basis mit einem bestimmten heiligen Symbol, oft einem Tier, stark verbunden und stellt dieses auch auf dem Totempfahl dar.

Der Stamm identifiziert sich als Gruppe mit diesem Totem und fühlt eine Art seelischer Verbindung mit diesem Tier (es kann sich auch um eine Pflanze oder einen Baum handeln, ich erwähne das Tier nur explizit, da wir hier über Krafttiere sprechen wollen).

Aufgrund dieser spirituellen Verbundenheit wird das verehrte Totemsymbol ganz besonders hoch in Ehren gehalten. Es ist somit verboten, dieses Tier (oder diese Pflanze etc.) zu töten und zu essen, oder auch zu verletzen oder zu beschädigen.

Dieses Totem stellt somit auch Eigenschaften dar, die der Stamm bei sich selbst sieht und durch den er sich nach außen darstellen möchte.

Das bedeutet, dass die Gruppe zum Beispiel durch einen starken Bären repräsentiert wird oder eben durch ein Tier, das für besonders schlau, besonders mutig etc. gehalten wird.

Es ist dabei unklar, ob das Tier extra so gewählt wurde, weil der Stamm die Eigenschaften bereits verkörpert (z. B. große Tapferkeit) oder ob sich die Mitglieder erst im Laufe der Zeit entsprechend der Eigenschaften des Totemtieres dahin gehend entwickeln, um es zu ehren.

Beim Totemismus gibt es kulturell bedingt weitere Unterscheidungsmöglichkeiten, auf die wir hier nicht näher eingehen wollen, da es uns um die Suche nach den Krafttieren geht.

Dabei müssen wir darauf achten, dass es neben dem Stammes-Totem, das für alle wichtig ist, noch ein persönliches Totem geben kann. Also einen persönlichen Schutzgeist in Form eines Tieres, der als seelenverwandter Wegbegleiter nur für ein Individuum ein persönliches Totem darstellt und von ihm in Ehren gehalten wird, da es mit ihm verbunden ist.

Man sagt, dass bei den indianischen Prärievölkern dieser persönliche Tiergeist bei der Vision Quest erscheint.

Weiterführende Hinweise hierzu finden sich bei Horst Südkamp in seiner Studie *„Totemismus: Institution oder Illusion"*, die online zu finden ist unter:

https://www.yumpu.com/de/document/view/21619097/totemismus-illusion-horst-sudkamp-kulturhistorische-studien

Die moderne Variante dieser Seelenführer und Helfer sind in antiken Zeiten die Götter gewesen, die die Seelen der Menschen ins Jenseits geführt haben, wie zum Beispiel der ägyptische Anubis.

Heute würden wir diese Aufgabe einem Engel zuschreiben. Der bekannte Begriff für diese Seelenführer ist „Psychopompos".

Abb. 3: Totempfahl, British Columbia

5. Krafttiere/Totem-Tiere in der Esoterik

Wie wir in den vorangegangenen Beschreibungen gesehen haben, stammen die Tiere, die wir als „Krafttiere" bezeichnen, aus einer völlig anderen Kultur und stehen in einem gänzlich anderen Zusammenhang als dem, wie wir die Tiere heute verwenden.

Wir begeben uns nicht auf Visionssuchen in die Wildnis, um unser Krafttier zu finden. Wir können bequem ein Online-Orakel befragen oder eine Karte ziehen oder auch einen Schamanen konsultieren, der uns mitteilen kann, welches Tier unser Krafttier darstellt.

Die Tatsache, dass wir die Zuordnung der Tiere anders vornehmen und weniger Aufwand betreiben, bedeutet nicht notwendigerweise, dass wir kein Krafttier besitzen.

Aber die Bedeutung ist gänzlich unterschiedlich und im Normalfall im christlichen Religionsbereich nicht häufig anzutreffen – hier wird der Schutzengel um Hilfe gebeten und nicht ein Tiergeist, den die meisten nicht einmal kennen.

Neoschamanismus

Einig sind sich die heutigen Esoteriker darüber, dass das Konzept von den Schamanen bzw. den Indianern entlehnt ist, auch wenn wir gesehen haben, dass den Tieren dort eine unterschiedliche Bedeutung zukommt. Man rechnet ihnen an, dass sie die Schamanen in den jenseitigen Welten begleiten, um sie zu führen und zu schützen.

Je nach Umgebung besitzen die Schamanen eine unterschiedliche Anzahl an Hilfsgeistern, der meist auch davon abhängt, von welchen Tieren der Schamane im realen Leben umgeben ist.

Ein sibirischer Schamane, der im realen Leben hauptsächlich von Bären, Wölfen, Elchen, Pferden, Fischen oder Vögeln umgeben ist, wird kaum den sagenhaften Phönix oder gar einen Schmetterling oder Delfin als Krafttier „wählen", weil ihm diese Tiere einfach nicht geläufig sind (heute wohl schon, auch durch die Medien, vor einigen Tausend Jahren eher nicht).

Krafttiere und Helfertiere in der Esoterik

Leider werden die ursprünglichen Bedeutungen heute gemischt und abgewandelt bzw. verwässert weitergegeben.

Wie oben bereits erwähnt, geht man grundsätzlich davon aus, dass jeder Mensch ein spezielles Krafttier besitzt, das ihn (wie ein Schutzengel) ständig begleitet. Auch wenn er dieses Krafttier möglicherweise nicht kennt, einfach auch, weil er gar nicht weiß, dass er eins hat.

Dann gibt es noch bestimmte Helfertiere, die nicht permanent um den Menschen herum sind, sondern ihn nur eine gewisse Zeit lang begleiten, um in bestimmten Situationen zu helfen.

Eigenschaften der Krafttiere

Da wir unsere Krafttiere um Hilfe bitten, wenn wir nicht weiter wissen, ist es natürlich hilfreich, wenn diese Tiere über die benötigten Eigenschaften verfügen. Nicht in jeder Situation kann aber dann jedes Krafttier behilflich sein.

Einige Charakterbeispiele „seltener" Krafttiere:

Seepferdchen – Romantik, Schutz, Fürsorge
Tintenfisch – Intelligenz, Kreativität, Wissen
Ameise – Disziplin, Organisation
Marienkäfer – Erfolg, Glück in der Liebe
Eichhörnchen – Abenteuer, Freude, Balance
Kamel – Schutz, Kraft

Greif – Hellsichtigkeit, Schutz, Treue, Wissen
Kolibri – Erfüllung von Wünschen
Schwan – Schönheit, Anmut, Eleganz

Wie Sie sehen, gibt es auch keine Einschränkungen auf eine bestimmte Art von Tieren. Jedes Tier kann prinzipiell Ihr Krafttier sein.

Dabei könnte es sich sogar um Fabelwesen handeln, von denen exemplarisch einige Bekannte genannt werden können:

Deutschland: Hier könnten Sie beispielsweise einem Basilisk, einem Wolpertinger oder einem Lindwurm (bekannt aus der Nibelungensaga) begegnen.

Europa: Drache, Einhorn, Gargoyle, Werwolf …

Orient: Chimära, Greif, Harpyie, Hydra, Mantikor …

Auf die weniger bekannten Tiere aus Australien, Afrika oder Amerika gehen wir hier nicht weiter ein. Sie sind auch zu fremd für uns und zu unbekannt, um sie hier im Detail vorzustellen.

In manchen Fällen wird unterschieden, ob das Tier ein Lufttier (z. B. Vogel), ein Wassertier (z. B. Fisch, Otter, Wal) oder ein Erdtier ist, denn angeblich helfen die Wassertiere zu heilen, die Lufttiere helfen, Sie anzuleiten und die Erdtiere beschützen Sie.

Die Tiere können übrigens sowohl männlich als auch weiblich sein.

Zum Vergleich:

Bei Tarotkarten gelten die Kelche, die dem Element Wasser zugeordnet werden, der Heilung und den Emotionen, die Schwerter, die dem Element Luft zugeordnet werden, stehen für Gedanken, den Intellekt, aber auch Kampf und die Münzen als Erdkarten stehen für Freundschaften, Stabilität und auch Geld. Dies mag einen zusätzlichen Anhaltspunkt für die Qualität der Tiere liefern. (Das Element Feuer entfällt natürlich, weil es keine „Feuertiere" gibt.)

Abb. 4: Basilisk, Felix Platter (1546 -1558)

6. Krafttiere kritisch betrachtet

Was für die Schamanen oder Indianer ganz normal ist, kann aus heutiger Sicht wissenschaftlich nicht belegt werden.

Warum sollte auch die Seele eines Menschen im Jenseits von einem Krafttier geboren worden sein? Oder warum sollten Tiergeister bestimmte Menschen durch das Jenseits geleiten?

Dennoch steht mittlerweile aus medizinisch-psychologischer Sicht auch in den westlichen Kulturen fest, was beispielsweise in der traditionellen chinesischen Medizin schon lange bekannt ist:

Seelische und psychische Probleme des Menschen können sich in körperlichen Beschwerden ausdrücken. Daher ist stets eine ganzheitliche Heilung anzustreben, die alle Komponenten des Menschen einbezieht: Seele, Körper und Psyche.

Auch wenn man die Beschwerden heute ohne die Hilfe von Krafttieren oder Totemtieren diagnostiziert und analysiert, handelt es sich in beiden Fällen um dasselbe Prinzip. Moderne Heiler finden die erkrankten seelischen Bereiche und heilen diese, damit in der Folge auch der Körper genesen kann.

Einen Hauch dieses Erklärungsansatzes finden wir in der oben erwähnten Zuordnung. Wenn wir emotional leiden, werden wir ein Krafttier benötigen, das im Bereich „Wasser" angesiedelt ist, damit es uns hilft, unsere Trauer und unser Leid oder unsere Depressionen zu überwinden. Fühlen wir uns eingeschüchtert und ängstlich, werden wir ein „Erdtier" benötigen, welches uns beschützt, beispielsweise einen Bären.

Problematik: Kulturelle Bedeutungsunterschiede

In Europa rechnet man den Tieren bestimmte Eigenschaften zu, die man aus der Mythologie oder aus den Märchen kennt, beispielsweise den listigen Fuchs. In anderen Kulturen werden den Tieren die dort geläufigen Eigenschaften zugeschrieben.

Eine Zuordnungsliste von Eigenschaften, die einem bestimmten Tier gegeben werden, kann daher nicht allgemeingültig sein und sollte skeptisch betrachtet werden.

Es gibt beispielsweise Unterschiede bei der Eule, dem Tier, das der griechischen Göttin Athene zugeordnet wurde und das somit für Weisheit steht.

Der Schrei der Eule bedeutete jedoch großes Unglück, besonders wenn man ihren Ruf tagsüber hört, da sie ja ein nachtaktives Tier ist. In einigen Gegenden kündigt ihr Schrei einen bevorstehenden Todesfall an.

Ähnlich ist es bei vielen anderen Tieren wie zum Beispiel einem kleinen rosa Glücksschwein, das in anderen Kulturen als „schmutzig" betrachtet wird und sicherlich nicht das begehrteste Krafttier wäre.

Wenn man dies berücksichtigt, ergibt sich automatisch, dass die Bedeutung eines Krafttieres oder Totemtieres oder Tiergeistes unter dem kulturellen Aspekt betrachtet werden muss, in dem derjenige beheimatet ist, dem sich dieses Tier als sein persönlicher Helfer offenbart.

Schwierigkeit: Ungewöhnliche Krafttiere deuten

Interessant ist, dass uns jedes beliebige, auch mythologische Tier, als Krafttier dienen kann. So können wir Einhörner, Drachen oder den Phönix als Krafttiere haben oder auch gänzlich andere sagenhafte Gestalten, die nicht notwendigerweise tatsächlich auf der Erde existieren müssen.

Außerdem ist es möglich, dass Ihnen eine Mischung aus Tieren entgegentritt, die sehr ungewöhnlich ist – eine beliebige Mischung wie zum Beispiel ein Huhn mit Hundekopf und dazu noch in der Farbe rosa.

Alles ist möglich. Daher bedarf es später einer Interpretation dieses Tieres. Diese Deutung wurde in den Kulturbereichen der sibirischen Schamanen oder der Indianer Nordamerikas von den Ältesten oder Eingeweihten übernommen.

Wenn Sie heute auf der Suche nach Ihrem Krafttier sind und sich Ihnen in einer Meditation eine solches rosa Hunde-Huhn zeigt, haben Sie niemanden, der die Deutung für Sie übernimmt.

Sie sind dann darauf angewiesen, in sich zu gehen, um herauszufinden, was diese beiden Tiere und auch diese Farbe für Sie bedeuten und müssen sich die Deutung selbst liefern.

Hürde: Krafttieren begegnen

Man sagt, dass es ein Zeichen ist, wenn man häufig über ein bestimmtes Tier „stolpert", dass dies das eigene Krafttier ist, das ein Zeichen senden möchte.

Es gibt viele Wege, dieses Tier zu treffen, sei es auch nur durch eine Werbeanzeige, einer Tafel neben der Autobahn, einem Bericht in der Zeitung oder im Internet oder bei einem Besuch im Zoo, wenn es sich um ein bei uns nicht heimisches Tier handelt.

Anderen Tieren, die bei uns als Haustiere vorkommen, kann man dagegen stets und ständig begegnen. Wenn man jeden Tag einem Hund begegnet, kann man daraus aber noch nicht schließen, dass der Hund das persönliche Krafttier ist.

Wer einen gewissen spirituellen Draht besitzt, wird sich vielleicht zu einer Gattung speziell hingezogen fühlen („Lieblingstier") und eine gewisse Verbindung spüren. Die Gefahr ist dabei, dass man sich das im besten Fall auch schlichtweg einbilden könnte.

Schwieriger wird es, im Alltag einem Tier zu begegnen, das aussieht wie das oben erwähnte rosa Hunde-Huhn. Einem solchen Tier begegnen Sie für gewöhnlich im Traum oder in der Meditation.

Obwohl es Klarträume gibt, können diese nicht auf Anhieb von jedem durchgeführt werden, der mal eben wissen möchte, welches sein Krafttier ist. Einfacher in der Anwendung wäre dann die Meditation.

Diese führt einen ins eigene Unterbewusstsein und zaubert vielleicht recht erstaunliche Tiere wie Spinnen oder Igel hervor, mit denen man gar nicht gerechnet hätte. (Vor allem weil das Wort „Krafttier" etwas Starkes und Großes impliziert).

Je nach Kultur und Kontinent sowie deren Mythologien werden Europäer häufiger Krafttiere aus ihrem Umfeld aussuchen als aus einer fremden Region. In China zum Beispiel wird es häufiger vorkommen, dass man sich einen Panda „aussucht" oder in Australien vielleicht ein Känguru.

Wer sich mit Träumen und Meditationen schwer tut, dem bleibt noch die Möglichkeit, sich an einen Schamanen zu wenden oder eine Krafttierkarte (es gibt viele Decks, meist kulturell angehaucht, also Keltisch, Indianisch etc.) zu ziehen oder sie online auf einer Seite herauszufinden.

Bedauerlicherweise würden einem bei den vorgefertigten Arten (Decks und online) die spirituellen Erkenntnisse verloren gehen, die die Begegnung mit dem rosa Hunde-Huhn oder einem goldenen Drachen bringen würde.

Sie können nämlich dann automatisch nur eines der Krafttiere haben, das in den speziellen Karten vorbereitet wurde – Ihr „echtes" Krafttier liegt aber vielleicht außerhalb der Norm??

Wer hellsichtig ist, hat das seltene Glück, dem Tier im Wachzustand zu begegnen. Dies wird leider nicht auf allzu viele Menschen zutreffen.

Doch ungeachtet der Kritik wollen wir natürlich dem interessierten Leser die Methoden dennoch nicht vorenthalten.

7. Das persönliche Krafttier finden und deuten

Es gibt verschiedene Wege, sein persönliches Krafttier zu finden.

Karten

Zum einen können Sie sich ein hübsches Kartendeck kaufen, bei dem Sie ein Tier ziehen und sich in dem beigefügten Anleitungsbuch informieren können, welche Eigenschaften das Tier besitzt und was es Ihnen vermitteln kann und wie es Ihnen helfen kann.

Dies ist die einfachste und schnellste Methode und Sie können außerdem oft wählen, aus welchem Kulturkreis die Tiere stammen. Kaufen Sie also je nach Bedarf „Keltische Krafttiere" oder „Indianische Krafttiere" etc.

Ob der Kulturkreis oder auch das gezogene Tier das richtige Tier ist, kann Ihnen leider niemand versprechen.

Internet

Dann gibt es noch die Möglichkeit, sich im Internet zu informieren, wo Sie auf einigen Seiten online und gratis eine Karte ziehen können und diese ebenfalls kurz erläutert bekommen.

Schwierig ist es, wenn Sie als Anfänger entscheiden müssen, inwiefern der programmierte Zufallsgenerator tatsächlich das korrekte Tier anzeigt und von wem (Laie oder Profi?) die Idee dahinter stammt und wie zuverlässig die Informationen sind.

Träume

Manche sagen, dass Sie Ihrem Tier auch im Traum begegnen können. Es gibt Menschen, die tatsächlich ihre Träume steuern können oder darum bitten, von etwas Bestimmtem zu träumen und das funktioniert dann auch.

Nur klappt das meist nicht auf Anhieb, es erfordert Übung. Und so kann die Idee mit den Träumen zwar funktionieren, aber möglicherweise dauert es Ihnen einfach zu lange, bis Sie auf diese Weise zu einem Ergebnis kommen.

Schamanen

Sie können sich auch einen Schamanen suchen, der Ihnen die gewünschten Informationen zukommen lässt oder mit Ihnen gemeinsam eine schamanische Reise antritt.

Hierbei müssen Sie sich gut informieren, welchen Ruf der von Ihnen gewählte Schamane besitzt und er sollte Ihnen auch sympathisch sein. Wie zuverlässig seine Antworten sind, können Sie dann aber leider nicht beurteilen.

Meditation

Wenn Sie gerade keinen Schamanen zur Hand haben, können Sie versuchen, Ihr Krafttier auf eigene Faust mittels Meditation zu finden. Da Sie sich dabei nur mit Ihrem eigenen Unterbewusstsein beschäftigen, kann Ihnen zumindest niemand etwas einreden und die Methode wird am ehesten ein gutes Ergebnis bringen.

Für einen ungeübten Menschen, der bisher noch nie meditiert hat, wird es empfehlenswert sein, sich eine geführte Meditation, zum Beispiel als Kaufversion oder bei Youtube zu suchen, um dort von Profis dabei angeführt zu werden.

Suchen Sie sich eine Mediation aus, die Ihnen zusagt mit einer Stimme, die Ihnen angenehm erscheint. Ist die Anleitung seriös?

Eine gute Anleitung gibt Ihnen nicht vor, was Sie sehen, sondern fragt Sie stets: Was sehen Sie? Wie riecht es dort? Gibt es

Berge? Oder Wälder? Oder einen Strand? Wie fühlt sich die Erde, der Sand, das Gras unter den Füßen an?

Sie können sich bequem hinsetzen und der Stimme zuhören, die Ihnen zunächst dabei hilft, sich zu entspannen, bevor die Reise beginnt. Der Körper schläft dann und der Geist geht auf die Reise, während Sie immer ruhiger werden und regelmäßig und tief durchatmen.

Sie könnten von der Stimme in eine Höhle geführt werden oder auch in eine Kammer in Ihrem Innerem, Ihrem eigenen Herzen. Wichtig ist nur, dass Sie den Eingang finden und in den Raum (den inneren Garten) dahinter eintreten können.

Schauen Sie sich in diesem Raum um und nehmen Sie alles auf, was Sie dort sehen. In dieser inneren Welt, Ihrer Seelenwelt, lebt auch das Krafttier, dem Sie während der Meditation begegnen werden.

Sie können sich eine angenehme Stelle innerhalb dieser inneren Umgebung suchen, an der Sie dann Ihr Krafttier rufen, zum Beispiel rufen Sie *„Ich bin bereit, jetzt meinem Krafttier zu begegnen."*

Möglicherweise werden verschiedene Tiere auftauchen. Dann können Sie mit ihnen allen sprechen, um herauszufinden, welches Tier das hauptsächliche Krafttier ist und welches Sie nur eine kurze Zeit begleitet. Befragen Sie die Tiere über alles, was Sie wollen.

Nachdem Sie zu Ihrem Tier geführt wurden und mit ihm gesprochen haben werden Sie in der Meditation auch wieder sicher zurückgeleitet, bis Sie wach werden.

Ehrung und Zusammenarbeit

Nachdem Sie Ihr Tier kennengelernt haben, sollten Sie es in Ehren halten.

Indianer bilden das Tier als Totem nach und bringen dort Opfer, um ihre Verbundenheit und Ehrung zu unterstreichen. Sie pflegen eine regelrechte Freundschaft zu dem Tier.

Sofern es Ihnen möglich ist, können Sie ein Bild des Tieres bei sich tragen oder ein Poster aufhängen oder gar eine Figur aufstellen. Was wiederum nur möglich ist, wenn es sich um ein „standardisiertes" Tier handelt.

Um auch die kulturellen Unterschiede zu überbrücken, sollten Sie soviel wie möglich über Ihr Krafttier herausfinden, damit Sie klar feststellen können, welche Eigenschaften dieses Tieres für Sie herausstechend sind und womit das Tier Sie unterstützen kann.

Wenn Sie versuchen, etwas über Ihr Tier herauszufinden, können Sie in der Literatur auf viele Hinweise aus der Mythologie zurückgreifen. Dies hilft Ihnen zumindest in den Fällen, wo Sie ein real lebendes Tier als Krafttier erkannt haben.

Beliebte Krafttiere

Nehmen Sie beispielsweise den Adler, der in vielen Kulturen bekannt ist.

Der Adler hat der Legende zufolge den Azteken den Ort gezeigt, an dem sie ihre künftige Hauptstadt bauen sollten. Sie sollten Ausschau halten nach einem Adler, der auf einem Kaktus sitzt und eine Schlange verschlingt. Dieses Zeichen wurde nach 200 Jahren gefunden und die Stadt im damals sumpfigen Texcoco-See gegründet. Heute steht dort Mexiko City.

Der Adler ist für die Indianer der Bote der Götter und hatte auch für die Kelten einen göttlichen Bezug. Er steht unter anderem auch für die Freiheit.

Der Bär ist der traditionelle Beschützer, besonders auch für die Indianer und die sibirischen Völker, bei denen heute auch noch mehr Bären in freier Wildbahn zu finden sind als hier mitten in Deutschland.

Bei uns bekannt und beliebt ist Reineke Fuchs, der in verschiedenen Fabeln als kluger und listiger Geselle dargestellt wird und dasselbe auch als Krafttier verkörpert.

Der treue Hund ist generell Beschützer, Begleiter oder Wächter und bedarf keiner größeren Einführung. Bekannt und beliebt war er bereits in der Antike, er bewachte zum Beispiel als Höllenhund Zerberus das Tor zur Unterwelt. Diese Aufgabe kommt bei den Germanen dem Hund Garm zu, der die Pforten von Hel bewacht.

Auch der mit dem Hund verwandte Wolf ist bei den Germanen und bei den Indianern beliebt. Bei den Germanen taucht er sogar im Doppelpack auf, da Gott Odin von den zwei Wölfen Geri („der Gierige") und Freki („der Gefräßige") begleitet wird.

Daneben hat er noch zwei Raben (Hugin und Munin, also „Gedanke" und „Erinnerung") als treue Begleiter.

Auch das Pferd hat eine lange Tradition, er stand früher für die Muttergottheit und die Fruchtbarkeit und war besonders für die Germanen ein wichtiges Tier.

Wer ein Pferd besaß, war nicht nur reich, sondern konnte überall hin, wo er wollte, daher stand es auch für Freiheit. In vielen Mythen und Legenden werden Pferde überliefert, das geflügelte Pferd Pegasus oder das achtbeinige Pferd Sleipnir sind nur zwei Beispiele aus unserer Mythologie.

Weitere ausführlichere Infos finden Sie im folgenden Kapitel. Bitte beachten Sie aber, dass eine solche Aufzählung aus naheliegenden Gründen nur exemplarisch sein kann und nicht detailliert und abschließend.

Unterstützung durch die Krafttiere

Wenn sich Ihnen Ihr Krafttier gezeigt hat, so können Sie in der Meditation bereits mit ihm sprechen und werden auf diese Weise erfahren, wie es Ihnen helfen kann. Unterstützend dazu können Sie die Hinweise verwenden, die Sie im nächsten Kapitel kennenlernen werden.

Denn das Krafttier hat ja durchaus eine bestimmte Absicht, wenn es mit Ihnen zusammenarbeitet. Vielleicht benötigen Sie den munteren Affen, um das Leben nicht so verbissen zu sehen, oder ein Tier, das Ihnen dabei hilft, liebevoller oder großzügiger oder aber stärker zu sein ...

Es gibt so viele Möglichkeiten! Ich hoffe, Ihr Krafttier wird Ihnen alles erklären. Aber bestimmt finden Sie auch schon Anhaltspunkte über das Tier im nächsten Kapitel.

8. Wichtige Krafttiere in den verschiedenen Kulturen

Es wurde schon angesprochen, dass die Tiere kulturell unterschiedlich interpretiert werden, daher sollten Sie das Tier, das sich Ihnen zeigt, auch am besten nicht anhand allgemeiner Hinweise deuten (vor allem, weil diese in nahezu allen Quellen unterschiedlich interpretiert werden), sondern stattdessen zunächst in Ihrer eigenen Kultur nach Eigenschaften und Antworten suchen, warum sich gerade dieses Krafttier bei Ihnen zeigt.

Arten von Krafttieren

In den Legenden finden wir Tiere, die unterschiedliche kulturelle Hintergründe und Lebenszwecke haben. Manche sind Botentiere, Reittiere oder Tieropfer der Götter. Andere sind die Tiergestalten der Götter selbst. Manche Götter können halb Mensch und halb Tier sein. Und es gibt magische Wesen, die in keine der genannten Rubriken fallen.

Götzinger beschreibt die „heiligen Tiere" in seinem „Reallexikon der Deutschen Altertümer" so:

„Das Tier stand entweder in Bezug zu einzelnen Göttern, gewissermaßen in deren Dienst (so gehörte der Eber zu Fro, der Wolf und Rabe zu Wuotan); oder es liegen Verwandlungen göttlicher Wesen in Tiergestalt dem Kultus zugrunde, derentwegen nun die ganze Gattung in höherer Ehre bleibt; oder es wird ein Mensch zur Strafe für irgendein Vergehen in Tiergestalt verwandelt und so der morgenländische Glaube an eine Seelenwanderung wenigstens gestreift."

Hinweise zu den ausgewählten Beispielen

Nachfolgend erhalten Sie eine kleine Auflistung einiger bekannter mythologischer Bedeutungen von unterschiedlichen Tieren, denen Sie begegnen könnten.

Für Tiere wie das spaßeshalber erwähnte rosa Hunde-Huhn werden Sie ohnehin keine Standard-Deutung finden, da ist Ihre Kreativität gefragt, bzw. wird Ihr Unterbewusstsein angesprochen.

Schwierig war die Auflistung der Tiere, da eine Mischung und alphabetische Darstellung die Tiere auch aus ihrem Gesamtkonzept reißt.

In der ägyptischen Kultur beispielsweise traten die Tiere häufig nur in Menschengestalt mit Tierkopf auf. Bei den Indern zeigen sich die Götter überwiegend in menschlicher Gestalt, benutzen aber ungewöhnliche Reittiere.

Unsere keltischen Vorfahren, aber auch die Römer oder Griechen, wiesen hauptsächlich den Göttern bestimmte Tiere zu, die mit ihnen in Zusammenhang standen, diese Götter zeigten sich aber nicht in Tiergestalt.

Obwohl sich beispielsweise Zeus in Tiere verwandeln konnte, um nichts ahnende Frauen zum Beischlaf zu bewegen. Dies ist aber eher ein Hinweis auf seine Allmacht und Zauberkunst und beschränkt sich nicht auf ein bestimmtes Tier mit bestimmten Fähigkeiten.

Andere Götter, wie die Germanen, kannten Tiere sowohl als Reit- als auch als Begleittiere, verwandelten sich aber nicht in diese.

Zum Beispiel trug Thor seinen Hammer mit sich, verwandelte sich aber nicht in ein kräftiges Tier, wenn er gegen die Midgardschlange kämpft.

Er fuhr mit einem Wagen, der von seinen beiden Ziegenböcken Tanngnjostr und Tanngrisnir gezogen wurde. Er kann diese sogar verspeisen und sie dann am nächsten Tag wiederbeleben.

Sie sehen, dass die Tiere daher völlig unterschiedlich gewertet sind und es sich in einigen Kulturen wirklich nur um bekannte Tiere handelt, die man auch täglich erlebt und um sich hat, während andere auf symbolische Mischwesen zurückgreifen, die ihnen dienen.

Daher habe ich mich auf eine winzige Auswahl und kleine Hinweise in einigen Kulturen beschränkt. Dies soll Ihnen als Anregung dienen, kann aber keinesfalls abschließend alle Tiere und alle Kulturen beinhalten.

8.1 Nordische Mythologie

Wolf

Der Wolf spielt hier eine wichtige Rolle, allen voran der Fenriswolf oder Fenrirwolf, ein Sohn des Gottes Loki und der Riesin Angrboda. Er wurde immer größer und kräftiger und sehr gefährlich für die Götter. So musste er in Ketten gehalten werden bis zur Götterdämmerung „Ragnarök", wo er dann Göttervater Odin verschlingen wird.

Weitere Wölfe sind seine Zwillingssöhne Skalli und Hati, die Sonne und Mond über den Himmel jagen und diese zu guter Letzt (Ragnarök) verschlingen werden, während ihr Vater den Obergott Odin verspeist.

Odin selbst wird von den beiden Wölfen Geri und Freki begleitet, diese hatten wir bereits erwähnt.

Zu berücksichtigen ist in diesem Zusammenhang, dass oft von Verwandlungen von Menschen in Wölfe und umgekehrt berichtet wurde, wir kennen diese Gestalten besonders als Werwölfe.

Schlange

Die berühmte Midgardschlange, die die gesamte Welt umspannt, ist die Schwester vom Fenriswolf. (Drittes Geschwisterkind ist übrigens die Göttin Hel, die über die Unterwelt herrscht.)

Bei der letzten Schlacht (Ragnarök), wird die Schlange versuchen, den Himmel zu vergiften und muss sich dem Kampf gegen Thor stellen, bei dem jedoch beide den Tod finden werden.

Raben

Die Raben sind Begleittiere des Gottes Odin. Sie heißen Hugin und Munin und er sendet sie der Sage nach jeden Tag aus, damit sie ihm berichten, was es auf der Welt Neues gibt. Bei ihrer Rückkehr setzen sie sich auf seine Schultern und berichten ihm davon.

Ziege/Bock

Thor und seine Ziegenböcke hatten wir vorhin bereits angesprochen. Ihm waren sowohl die Ziegen als auch die Böcke heilig.

Eine weitere wichtige Ziege ist Heidrun, aus deren Euter Met fließt für die tapferen Kämpfer, die in der Schlacht gestorben sind und nun in Walhalla beim großen Festmahl sitzen.

Abb.5: Odin mit seinen Raben und Wölfen

Eber

Der Eber war ein Opfertier, das dem Freyr heilig war.

Kuh/Rinder

Gemäß der nordischen Schöpfungsgeschichte war das erste Wesen ein Riese, der sich von der Milch der Kuh Audhumla ernährte. Der Kuh kommt somit eine einzigartige, wichtige Bedeutung als Lebensspenderin zu.

Die Kuh wurde daher zwar dem Rind vorgezogen, doch waren auch die Rinder heilig, den sie zogen im Mittelalter noch die Kriegswagen und ihre Hörner wurden, bevor man sie opferte, mit Gold geschmückt.

Pferd

Pferde hatten eine überaus wichtige Stellung. Das Pferd war dem Odin (Wodan) heilig und wurde auch geopfert. Die weißen Pferde galten als die Wichtigsten.

Ebenso hielt man Pferde in der Nähe der Tempel des Freyr, eines Fruchtbarkeitsgottes. Die Pferde wurden möglichst reinrassig gezüchtet, damit man sie sowohl opfern als auch vor die Götterwagen spannen konnte. Zudem konnte man sie zur Weissagung benutzen.

Beispielsweise konnte man das Wiehern der Tiere deuten, klangen sie fröhlich, war das ein Zeichen für einen Sieg in der Schlacht. Wenn sie nicht wieherten, drohte eine Niederlage.

Man benutzte sie auch für Abwehrzauber, indem man ihre abgeschlagenen Köpfe mit aufgerissenem Maul an Hausgiebeln befestigte.

Vielen Göttern ist ein besonders zauberkräftiges Tier zugeordnet, Odins Pferd war beispielsweise der achtbeinige Sleipnir.

Katzen

Vor den Wagen der Göttin Freya waren Katzen gespannt. Katzen galten als besonders zauberkundige und schützenswerte Tiere, ebenso die klugen Wiesel.

8.2 Keltische Mythologie

Wenn es um die Tiere geht, die unseren keltischen Vorfahren und auch den Göttern bekannt waren, so treffen wir hier auf wesentlich „gängigere" Spezies als Einhörner oder Skorpione oder Krokodile.

Die Kelten hatten hauptsächlich Tiere um sich, die sie kannten und auch jagten oder opferten. Wirklich heilig waren sie aber nicht.

Götzinger erklärt: „*Eigentlich heilige Tiere waren die Waldtiere nicht, doch wurden viele unter ihnen mit Scheu verehrt, vor allen Bär, Wolf und Fuchs. Der Erstgenannte galt als der König der Tiere. (...) Es ist nicht zu übersehen, dass einzelne Tierfabeln in menschliche Mythen verwandelt wurden oder umgekehrt, z. B. die Rolle des Bären oder Fuchses auf einen Riesen oder Teufel übergeht."*

„*Noch vertrauter lebte das Altertum mit den Vögeln, die vermöge ihrer großen Beweglichkeit leicht geisterhafter erscheinen konnten als die Säugetiere. Mit Kornspenden wurden die kleineren unter ihnen geneigt gemacht, dass sie den Fluren nicht schaden sollten. Götter und Göttinnen pflegten sich nach Belieben in Vögel zu verwandeln, aber auch den Riesen war diese Gabe eigen. (...) Nordische Götter und Riesen tragen ein Adlerkleid (arnarham), Göttinnen ein Falkenkleid (valsham). Der Wind wird als Riese und Adler dargestellt."*

Hirsch/Reh: Der Hirschgott Cernunnos wird mit einem Hirschgeweih dargestellt und Hirsche sind heute noch in den europäischen Wäldern zu finden. Er war der Herr der Tiere und ein Fruchtbarkeitsgott. Er wurde sitzend mit einem Geweih auf dem Kopf dargestellt, aber nicht in Gestalt eines Tieres.

Bär: Die keltische Kriegsgöttin Andarta sowie die gallische Jagd- und Bärengöttin Artio weisen beide auf die Verbindung mit dem Bären hin.

Eber/Wildschwein: Die keltische Waldgöttin Arduinna, die mit der römischen Diana gleichgesetzt wurde, besaß einen Eber als Reittier. Der Name des gallischen Jagdgottes Moccus wird von dem Wort „Schwein" abgeleitet.

Pferd: Bekannte und beliebte Pferdegöttin waren Epona (die zunächst eine keltische Fruchtbarkeitsgöttin war, bis die Römer sie als Schutzgöttin der Kavallerie übernahmen).

8.3 Hinduistische & Indische Mythologie

Es gibt eine lange und beinahe unüberschaubare Liste von Göttern in Indien, die hier nicht alle genannt werden können – und natürlich auch nicht sollen, denn wir sind lediglich auf der Suche nach den mythologischen Hintergründen für die bestimmten Gestalten der Krafttiere in verschiedenen Kulturen und Religionen.

Die Inder kennen zwar viele Götter, aber alle sind lediglich Aspekte des EINEN Gottes – Brahman, dem allumfassenden kosmischen Bewusstsein, das sich in unterschiedlichen Formen und Gestalten (eben den Göttern) manifestiert.

Die Inder kennen auch eine Art von Trinität, denn neben Brahma, dem Schöpfergott, gibt es noch Vishnu (aus dessen

Nabel er entstanden ist und der den Impuls zur Schöpfung gab) sowie Shiva, den „Zerstörer", der dafür sorgt, dass alles sich wandelt und dadurch immer weiterentwickelt, nachdem es zunächst zerstört wurde.

Diesen männlichen Göttern werden weibliche Partnerinnen an die Seite gestellt, beziehungsweise haben sie eine weibliche Seite oder Erscheinungsform. Bei Brahma ist es nämlich Saraswati (Göttin der Muse, Künste und Weisheit), bei Vishnu ist es Lakshmi (die Göttin der Fülle, des Reichtums und der Schönheit) und bei Shiva ist es Parvati (die Göttliche Mutter).

Götter in Tiergestalt

Unter diesen Göttern gibt es zwei äußerst beliebte, die sich in Tiergestalt zeigen und die daher erwähnt werden müssen:

Zunächst der elefantenköpfige Gott Ganesha, der Überwinder der Hindernisse und Gott der Weisheit (er wird oft an Bibliotheken abgebildet). Ganeshas Reittier ist übrigens eine Ratte.

Daneben der Affengott Hanuman, der für Hingabe, Demut, Kraft und Stärke steht.

Heilige Reittiere

Götter, die sich nicht in Tiergestalt zeigen, benutzen dafür oft heilige Reittiere. Beliebt sind dabei die Pferde, genau wie in vielen anderen Kulturen. Göttinnen werden aber oft auf Tigern oder Löwen dargestellt, doch manche Götter reiten auch auf Fabelwesen.

So zum Beispiel reitet Indra, der Herrscher der Götter auf seinem Elefanten Airavata und wird von seinem Hund Sarma begleitet.

Der Gott Vishnu reitet auf einem Garuda, dabei handelt es sich um ein Schlangen tötendes halb mensch-, halb adlergestaltiges Reittier.

Agni, der Opfer- und Feuergott reitet auf einem Widder oder einer Ziege.

Abb. 6: Der elefantenköpfige Gott Ganesha auf seinem Reittier, einer indischen (Bandikut)Ratte.

Varuna, der Wassergott und Gott der kosmischen und moralischen Ordnung reitet auf einem Makara, einem Fabelwesen, das eine Mischung aus Elefant, Fisch, Krokodil und Schildkröte darstellt.

Vayu ist der vedische Windgott, der später bei den Hindus als unberechenbarer und zerstörerischer Gott dargestellt wird. Sein Reittier ist die Antilope.

Sarasvati, die sich von einer Flussgöttin zur Göttin der Weisheit gemausert hat, wird in den unterschiedlichen Regionen Indiens mit verschiedenen Begleittieren dargestellt: einer Gans oder einem Schwan, manchmal einem Pfau.

Yama ist der Totengott, der die Seelen der Menschen einsammelt und ins Jenseits bringt, wo er über die Unterwelt herrscht. Er reitet auf einem schwarzen Büffel und wird von zwei Hunden begleitet.

Der Büffel ist in Indien ein beliebtes Symbol für den (geistigen) Tod und allen Übels. So gesehen ist für einen Inder ein Büffel als Krafttier vielleicht nicht ganz so erfreulich.

Die Göttin Aditi ist eine Muttergöttin, deren Brust als Nabel der Welt angesehen wird. Ihr steht die unsterbliche Kuh zur Seite, die als nährende Kraft der Erde dafür sorgt, dass die Muttergöttin die Erde stets erhalten kann. Später wurde ihr ein Hahn als Reittier zugeordnet.

Shiva reitet auf dem Buckelstier Nandi. Wie bekannt ist, gelten Kühe in Indien als heilig, denn Vater Himmel und Mutter Erde werden als Stier und Kuh abgebildet.

Wenn sich einem Inder eine Kuh oder ein Stier als Krafttier zeigt, hat dies also aus nachvollziehbaren Gründen einen stärkeren Eindruck auf ihn, als wenn sich die Kuh einem Westeuropäer zeigt.

Durga, die Göttin der Vollkommenheit, die sowohl gütig als auch strafend auftritt, wird auf einem Tiger oder Löwen reitend dargestellt. In ihrer dunklen Form ist sie die blutrünstige Göttin Kali.

8.4 Ägyptische Mythologie

Wenn man sich bei den ägyptischen Göttern auf die Suche nach mythologischen Tiergestalten macht, wird man hier mehr als fündig. Leider können wir im Rahmen des Krafttierbuches nicht alle ägyptischen Götter behandeln, aber exemplarisch einige gängige Tiere vorstellen, die Ihnen als Krafttiere erscheinen könnten.

Zu beachten ist, dass die Ägypter nicht wirklich davon ausgingen, dass die Götter diese Gestalt besaßen. Sie interpretierten die Eigenschaften, Fähigkeiten und Impulse, zum Beispiel der Schöpfung oder der Gerechtigkeit oder Weisheit, als Energien und Kräfte, die sie „Neteru" nannten.

Die Tierdarstellung der Energien diente lediglich der Vereinfachung, so wie wenn wir für die „Gerechtigkeit" eine Waage darstellen würden oder die „Justitia", die in den Gerichten zu sehen ist – eine Statue mit verbundenen Augen, die eine Waage vor sich hält. Die Person selbst oder eine Göttin mit verbundenen Augen in dem Sinne existiert allerdings nicht. Und so ist es auch in Ägypten.

Es lohnt sich, sich näher damit zu beschäftigen, doch hier ist leider nicht der richtige Anlass, um über die ägyptische Kosmologie ausgiebig zu sprechen. Beschränken wir uns daher auf die dargestellten Tiere.

Bekannt und beliebt ist natürlich der falkenköpfige Gott Horus, der Sohn von Isis und Osiris. Er war der Himmelsgott, Kriegsgott und Beschützer der Kinder.

Weitreichend bekannt ist auch der schakalköpfige Gott Anubis, der die Toten ins Jenseits geleitet, wo beim Totengericht ihre Herzen gegen eine Feder der Göttin Maat (Wahrheit) gewogen werden.

War das Herz schwerer als die Feder, wurde es von Ammit (Krokodil-Löwe-Nilpferd) verschlungen. Die Seele des Toten konnte also nicht auferstehen/weiterleben.

Der ibisköpfige Gott des Wissens, Thot, notiert das Ergebnis.

Abb. 7: Gott Anubis an der Waage, Thot notiert das Ergebnis, dahinter wartet Ammit darauf, das Herz zu verschlingen.

Apis-Stier: Der Stier war ein Fruchtbarkeitssymbol und wurde als Verkörperung des Gottes Ptah (Schöpfergott) in Memphis verehrt.

Apophis: Er wird entweder als Riesenschlange oder Schildkröte dargestellt und versinnbildlicht das Chaos und die Zerstörung.

Bastet: Die Katzengöttin Bast oder Bastet ist die Tochter des Sonnengottes Re und symbolisiert die Liebe und die Fruchtbarkeit. Ihre dunkle Seite ist die löwenköpfige Göttin Sachmet, Gefährtin des Ptah.

Benu-Vogel: Der heilige Benu-Vogel spielt eine ähnliche Rolle wie der Phönix. Es handelt sich dabei um einen menschengroßen Reiher mit zwei langen Hinterkopffedern, der angeblich nach der Schöpfung der Welt als erstes Wesen auf dem neu erschaffenen Land auftauchte.

Der Legende nach kommt er in großen Zeitabständen von 500 oder 1461 Jahren aus Arabien bzw. Indien nach Ägypten, genauer gesagt nach Heliopolis, wo er sich ein Nest baut und bei Sonnenaufgang verbrennt, um später aus seiner Asche wieder aufzuerstehen.

Chepre: Bei Chepre handelt es sich um den Skarabäus oder profaner ausgedrückt einen Mistkäfer, der der Legende nach sich selbst aus der Erde erschaffen hat. Ein Mistkäfer formt gewöhnlich eine Dungkugel, in der er seine Eier ablegt.

Die alten Ägypter gingen davon aus, dass es nur männliche Käfer gab, die sich auf diese Weise fortpflanzen konnten, ohne einen weiblichen Part dazu zu benötigen.

Diese Dungkugel, die der Käfer vor sich herrollte, wurde auch als Sonne angesehen, sodass der Skarabäus durch das Rollen der Kugel den Sonnenlauf symbolisierte. Chepre wird meist als Käfer dargestellt, selten als Mensch mit einem Käferkopf.

Chnum/Khnum: Der widderköpfige Schöpfergott erschuf Menschen, Tiere und Pflanzen auf seiner Töpferscheibe und erweckte sie anschließend zum Leben. Er galt auch als Fruchtbarkeitsgott und war mit Heket verheiratet.

Hathor: Hathor wird unterschiedlich dargestellt als Mutter- und Totengöttin. Zunächst war die Göttin in Kuhgestalt nur eine lokale Gottheit, später jedoch avancierte sie zur Himmelsgöttin des Westens und dann zur Muttergottheit.

Weitere Aspekte, die man ihr zurechnet, sind die Liebe, der Frieden, aber auch die Schönheit sowie die Künste des Tanzes, der Musik und der gestaltenden Kunst.

Heket: Gattin des Chnum und Tochter des Re. Sie wird als froschköpfige Frau oder nur als Frosch dargestellt und ist als Göttin zuständig für die Geburt. Der Frosch selbst ist ein Symbol der Fruchtbarkeit.

Sachmet: Die löwenköpfige Göttin ist die Tochter des Sonnengottes Re, den sie gegen alle Feinde beschützt. Sie verkörpert den Kampfesmut, wird aber von den auf dem Schlachtfeld Verwundeten auch als Göttin der Heilkunst angesehen.

Sobek: Wie könnte es anders ein, als dass die Ägypter auch die Krokodile des Nils in Form einer Gottheit verehrten. Der Gott Sobek trat in Menschengestalt auf und besaß den Kopf eines Krokodils.

Er herrschte über das Wasser und galt auch als Fruchtbarkeitsgott. Wegen seiner Gefährlichkeit wurde er zwar als Feind betrachtet, aber dennoch angerufen und um Schutz vor verschiedenen Gefahren gebeten.

Thot: Der ibisköpfige Gott Thot ist ein sehr bekannter, fast schon berühmter Gott. Er ist der Gott des Mondes, der Magie und der Wissenschaft, auch Gott der Schreiber.

8.5 Asiatische Mythologie

In den asiatischen Ländern wie China, Japan oder Korea begegnen wir vor allem Drachen, Schlangen und Tigern, aber auch vielen imaginären Mischwesen.

Schlangen und Drachen

Der Drache und seine anderen imaginären Kollegen gelten dabei als genauso real wie andere Tiere, sind nur eben viel seltener anzutreffen, da sie so mächtig sind.

Sie vereinen viele starke Eigenschaften anderer Tiere in sich, wie zum Beispiel die Klauen der Vögel oder die Pranken der Tiger.

Manche Drachen können – genau wie Füchse – zeitweise eine menschliche Gestalt annehmen.

Sogar der erste Kaiser (der Gelbe Kaiser Huangdi) wurde als Drache betrachtet, der seither auch als Symbol der kaiserlichen Herrschaft gilt.

In verschiedenen Mythen wurde Wert darauf gelegt, den Zusammenhang zwischen der kaiserlichen Abstammung (in Blutlinie selbstverständlich) und den legendären Drachen hervorzuheben.

Obwohl die Winde nach verschiedenen Drachen benannt sind, bzw. sie verkörpern, hängt der Drache mit dem Element Wasser zusammen, auf dem Meeresboden sollen sich die legendären Paläste der Drachen befinden.

Einige Drachen sollen sogar einen Edelstein besitzen, mit dessen Hilfe sie Ebbe und Flut steuern können. Aufgrund dieser Verbindung werden Drachen häufig im Bereich von Brunnen dargestellt.

Schlangen zählen zur Familie der Drachen, daher ist es naheliegend, dass sie ähnlich bewertet werden. Manche Schlangen haben sich in ihrer Darstellung im Laufe der Zeit sogar von einer Schlange zum Drachen hin verändert.

Obwohl es Schlangenmonster in der japanischen Mythologie gibt, wird den Tieren, genau wie den Drachen stets Respekt entgegengebracht und sie gelten grundsätzlich als positiv.

Einige interessante Eigenschaften ergeben sich aus der Mythologie der Schlange, da diese genau wie Drachen und Füchse, menschliche Gestalt annehmen können und so an der Seite eines menschlichen Partners leben.

Schlangen sind jedoch eifersüchtig und so sagt man, dass eifersüchtige Frauen im nächsten Leben als Schlange wiedergeboren werden.

Dennoch sind Schlangen nicht schlecht oder böse. Als tierische Begleiter sind sie stets bei der Glücksgöttin Benzaiten zu finden.

Löwen, Hunde und Löwenhunde

Einem Löwen wird traditionell die Wächterrolle zugeschrieben. Oft sehen wir an Palästen oder chinesischen Restaurants die Löwenstatuen sitzen, auch Statuen von Löwenhunden als Mischwesen, wobei die asiatischen Löwen ohnehin schon wie kleine Hunde (Pekinesen) dargestellt werden. Diese Löwenwächter gibt es auch in Korea.

Glücksbringer-Tiere und exotische Tiere

Alle Tiere, die in Asien nicht beheimatet waren, wurden als exotisch angesehen, so zum Beispiel Elefanten oder das davon abgeleitete Elefantenwesen Baku, dem nachgesagt wird, dass es böse Träume verschlucken könnte.

(Zum Vergleich: Bei uns wird ein Elefant wegen seines guten Gedächtnisses geschätzt, in Indien als Gott der Weisheit und Beseitiger der Hindernisse verehrt, aber mit Träumen haben die Tiere hier und in Indien nichts zu tun.)

Abb. 8: Darstellung eines Qilin aus der Ming Dynastie, unbekannter Künstler, 1609 veröffentlicht

Daneben finden wir noch ein Wesen namens Kirin (chinesisch Qilin), das einer Giraffe ähnelt und etwa den Status eines uns bekannten Einhorns besitzt. Grundlage des Kirin ist der Drache (Kopf) mit einem starken Hirschgeweih, ansonsten hat es einen schuppigen Körper.

Das Tier ist äußerst friedfertig und steht für Liebe, Frieden und Güte. Es soll der Legende nach die Ankunft eines weisen Herrschers anzeigen. Es ist bemüht, ausschließlich Pflanzen zu fressen und keine Insekten zu zertreten oder absichtlich Gras zu zertrampeln.

Hōō (jap.), Fenghuang (chin.) oder Phönix

Dieses Wesen sieht aus wie ein Hahn oder Pfau und hat den schuppigen Körper eines Drachen.

Der Fenghuan ist ein Symbol für Barmherzigkeit und zeigt mit den verschiedenen bunten Farben seines Gefieders bestimmte Eigenschaften an.

Der grüne Kopf steht für die Güte, der weiße Hals für die Gerechtigkeit, der rote Rücken für Anstand, die schwarze Brust für die Weisheit und die gelben Füße für seine Treue.

Das Tier symbolisiert außerdem die Kaiserin, während der Drache, wie oben erwähnt, ein Symbol für den Kaiser ist. Beide zusammen stellen also das Kaiserpaar dar.

***Wani* oder Krokodil**

Das japanische Meeresungeheuer Wani ähnelt einem Krokodil und erscheint häufig in den alten japanischen Legenden und Mythen. Auch Krokodile waren damals in Japan nicht beheimatet, sodass bereits dieses real existierende Tier für die Japaner recht exotisch wirkte.

Shachi oder Tigerfische

Shachi stellen eine Mischung aus Fisch und Tiger dar, wobei sie den Körper eines Fisches und den Kopf eines Tigers besitzen.

Sie sind oft auf Dächern dargestellt als Wächter gegen Feuersbrünste. Die Tiere kommen in China häufiger vor als in Japan, wo man eher den Makara Fisch kennt.

Koi-Karpfen

Diese farbenprächtigen, großen und teuren Karpfen sind uns heute nicht unbekannt. Sie galten damals als Symbol für Kraft und Jugend.

Einheimische Tiere, die als Symboltiere gelten

In Japan bekannt und beliebt sind besonders die Tiere, die als Begleiter der Götter gelten, dazu zählen der Fuchs, der Affe, das Rind, die Maus, die Schlange, der Hirsch, die Taube und der Hase.

Der Affe taucht in japanischen Märchen meist als Spaßmacher oder Clown auf und wird außerdem als Bote der Götter angesehen. Der Affe ist Bestandteil einiger religiöser Rituale rund um Schutzschreine und Klöster.

Bekannt ist bei uns vor allem die Darstellung der drei Affen, die „nichts sehen, nichts hören, nichts reden". Sie basiert auf die Doppeldeutigkeit des Wortes „zaru", das sowohl „Affe" als auch eine Verneinung bedeuten kann. *Nichts sehen, nichts hören, nichts reden* heißt auf Japanisch: *mizaru, iwazaru, kikazaru.*

Der Affe hängt im Übrigen auch mit den Pferden der frühen Samurai zusammen, denn man sagt, dass Affen, die zusammen mit Pferden gehalten werden, diese gesund erhalten.

Pferde selbst haben in Japan keine besonderen Eigenschaften, sondern sind als Opfertiere und Götterboten beliebt.

Die zwölf Tierkreiszeichen

Die 12 Tiere, die den chinesischen Tierkreis bilden, sind auch in Japan bekannt. In beiden Kulturen stehen die Tiere für Jahre, nicht für kurze Zeitabschnitte oder Monate wie unsere Tierkreiszeichen.

Diese 12 Tiere sind: Ratte, Büffel, Tiger, Hase, Drache, Schlange, Pferd, Schaf, Affe, Hahn, Hund, (Wild)schwein. Jedes der Tiere verleiht demjenigen, der unter dem Zeichen geboren wurde, bestimmte Charaktereigenschaften.

Und genau diese Eigenschaften besitzen die jeweiligen Tiere auch als Krafttiere. (Hier empfiehlt sich zur Vertiefung die Beschäftigung mit der chinesischen Astrologie).

Kraniche und Schildkröten

Diese Tiere stehen für ein langes Leben, die Schildkröte zählt zusätzlich zu den göttlichen Botentieren.

Katzen

Sie besitzen magische Fähigkeiten, sehr zauberkräftige Katzen haben mehrfach gespaltene Schwänze. Diese Katzen nennt man auch Gespensterkatzen. Eine glücksbringende Katzenart ist dagegen die Winkekatze, die Geschäftsleuten zu mehr Geld verhilft.

Der Hase in Asien

Der Hase besitzt in Asien eine herausragende Bedeutung.

Dort sieht man beim Blick auf den Mond nicht den Mann im Mond, sondern den Hasen im Mond, der nach einer alten Überlieferung dort oben gemeinsam mit einer Kröte Kräuter stampft, die Unsterblichkeit verleihen. (Hase und Kröte sind beides Fruchtbarkeitssymbole).

Nach der koreanischen und japanischen Überlieferung stampft der Hase jedoch keine Kräuter, sondern die Zutaten für einen Reiskuchen (Mochi genannt).

Eine buddhistische Erzählung berichtet, dass der Bodhisattva als Hase reinkarniert war und mit seinen vier weisen Freunden, dem Affen, dem Schakal und dem Otter im Wald lebte (jeder in seinem eigenen Teil), wo jeder für sich tagsüber seine Nahrung jagte.

Und wenn sie sich abends trafen, predigte ihnen der Hase die Wahrheit und lehrte sie, dass sie Almosen geben sollten sowie die Gesetze der Moral und die heiligen Tage einzuhalten hätten.

Dann stellte er fest, dass am folgenden Tag ein Fastentag wäre, an dem es gut sei, jedem Bettler Almosen zu geben. Dies würde dazu führen, dass man selbst eine Belohnung erhielte.

So sammelte der Otter Fische am Ganges, der Affe Mangos am Baum und der Schakal fand zwei Spieße, eine Eidechse und einen Topf mit Milchquark. Dann legten sie sich zur Ruhe.

Der Hase sammelte einen Vorrat aus Gras, aber war traurig, denn wenn ihn jemand um ein Almosen bitten würde, so hätte er nichts als Gras anzubieten. Sollte jemand ihn fragen, so beschloss er, würde er sich selbst als Nahrung anbieten.

Der Gott Shakra, Herrscher über einen der Himmel, hörte den Hasen und beschloss, ihn zu testen. So erschien er den vier Tieren in einer Verkleidung (als Brahmane) und bat um sie um Nahrung. Sogleich sprangen sie nach Hause, um dem bedürftigen Mann etwas von ihrer Nahrung anzubieten.

Der Hase jedoch, der kein Gras offerieren wollte, erklärte dem Mann, er sollte ein Feuer entzünden und ihm dann Bescheid sagen, wenn es brannte, er würde sich alsdann selbst opfern und sein eigenes Fleisch dem Mann als Nahrung darbieten.

Als es soweit war, schüttelte er sich die Insekten aus seinem Fell, damit sie nicht zutode kamen, und sprang dann selbst in das Feuer. Doch es erschien ihm eiskalt und konnte dem Hasen kein Haar krümmen. Der Hase beschwerte sich darüber, doch dann gab sich der alte Mann zu erkennen.

„Ich bin kein Brahmane. Ich bin Shakra (Sakka) und ich bin gekommen, um deine Tugend auf die Probe zu stellen." Der Gott war sehr beeindruckt von dem Hasen und presste einen Berg aus. Mit der daraus gewonnenen Farbe malte er das Bild des Hasen auf die Vollmondscheibe, um ihm zu Ehren ein Zeichen zu setzen.

Eine ähnliche Geschichte wird aus Mittelamerika berichtet, wo sich ein Hase dem Gott Quetzalcoatl anbieten will und ebenfalls dadurch geehrt wird, dass sein Bild auf den Mond versetzt wurde.

Die Geschichte ist in verschiedenen Varianten bekannt.

Der Mondrover, den die Chinesen im Jahr 2013 mit der Mondsonde „Chang'e 3", benannt nach der Mondgöttin, auf den Mond schickten, trug den Namen Yùtù (Jadehase).

Abb. 9: Kaiserliche Robe aus dem 18. Jahrhundert. Unten ein Drache, oben der weiße Hase im Mond, der ein Unsterblichkeitselixier mischt.

8. Nachwort

Wie Sie sehen konnten, hatten die Krafttiere ihren begründeten Ursprung für wichtige religiöse und rituelle Zwecke. Ob wir „gewöhnlichen" Menschen ein Krafttier haben oder ob wir es zuverlässig bestimmen können, bleibt dahingestellt.

Sicherlich ist der Glaube an ein Krafttier aber grundsätzlich nicht problematischer als der Glaube an einen Talisman oder einen Schutzengel. Es spricht daher nichts dagegen, wenn Sie sich damit wohlfühlen, einen tierischen Helfer zu haben.

Beachten Sie einfach, dass Sie dieses Tier möglichst zuverlässig bestimmen sollten und sich danach so ausführlich damit beschäftigen, dass Sie auch einen wirklichen Eindruck davon haben, mit welchen Eigenschaften das Tier Sie auf Ihrem Lebensweg unterstützen kann und was Sie von ihm erfahren oder lernen dürfen.

Dabei empfiehlt es sich, sich innerhalb der eigenen bekannten Kultur zu bewegen, mit der Sie sich am besten auskennen und keine allzu exotischen Dinge in Ihr Tier hineinzuinterpretieren, einfach weil Sie es sich wünschen würden, dass das Tier besondere magische Fähigkeiten besitzt.

Die besten Ergebnisse werden Sie – meiner Meinung nach – mit einer geführten Meditation erreichen.

Bei Ihren Versuchen wünsche ich Ihnen sehr viel Vergnügen sowie eine spannende Konversation mit Ihrem tierischen Begleiter!

Quellangaben:

http://www.aegypten-geschichte-kultur.de/kaefer

https://aeneumfamum.wordpress.com/2015/12/08/die-4-waechter-der-himmelsrichtungen/comment-page-1/

https://bewusst-vegan-froh.de/krafttiere-begleiten-dein-leben/

http://www.chakra108.de/indische-goetter

http://www.der-rote-weg.de/visionquest.html

http://www.erdbeerlounge.de/horoskop/esoterik/krafttiere/

http://www.grujain.de/krafttiere.php

http://www.orakel.org/krafttier/

http://www.questico.de/magazin/spiritualitaet/schamanismus/totemtier.do

http://runen.net/krafttiere/

http://www.sacred-texts.com/bud/j3/j3017.htm

http://www.schamanische-krafttiere.de

http://www.shamanism.org/

http://www.shanafilm.com/De/interaktiv/indianer/was-ist-dein-krafttier/was-ist-dein-krafttier.html

http://www.shantila.de/orakel.html

http://www.spirituell-auf-deine-weise.de/blog/info/krafttiere

http://sylvia-koch-weser.de/74/visionssuche-vision-quest/der-ablauf

https://www.univie.ac.at/rel_jap/an/Mythen/Symboltiere

https://www.univie.ac.at/rel_jap/an/Mythen/Imaginaere_Tiere

http://www.viversum.de/online-magazin/die-magie-der-krafttiere

http://www.wildniswissen.de/der-persoenliche-weg/vision-quest

https://www.wirkendekraft.at/Krafttiere/

Literatur:

SHAMAN An International Journal for Shamanistic Research:

http://www.isars.org/wp-content/uploads/2013/11/ShamanRetroVol01_1993.pdf

Alexander Zick : Das schamanische Weltbild als archaische Form des Konzepts "ökologische Ökonomie":

https://f4.hs-hannover.de/fileadmin/media/doc/f4/Aktivitaeten/Veroeffentlichungen/2003/arb79.pdf

Der Schamane als moderner Mythos und als Chiffre der Transzendenz

Aspekte der Faszination und Attraktivität der Figur des Schamanen in der säkularisierten Moderne:

http://www.ebz-alexandersbad.de/fileadmin/user_upload/Schamane-Mythos-Chiffre_-_Mayer.pdf

Götzinger, E.: Reallexicon der Deutschen Altertümer. Leipzig 1885., S. 386-391.

http://www.zeno.org/nid/20002772965

Gerhard Mayer: Schamanen – Wanderer zwischen den Welten?

http://www.igpp.de/eks/pdf/Mayer_Schetsche_Schamane_Wanderer_Tagungsband-endf.pdf

Horst Südkamp: Kulturhistorische Studien. Totemismus: Institution oder Illusion?. In: Yumpu.com, Online pdf-Dokument:

https://www.yumpu.com/de/document/view/21619097/totemismus-illusion-horst-sudkamp-kulturhistorische-studien

Wikipedia:

https://de.wikipedia.org/wiki/Liste_von_Fabelwesen

https://de.wikipedia.org/wiki/Visionssuche

https://en.wikipedia.org/wiki/Vision_quest

https://de.wikipedia.org/wiki/Totemismus#Individual-Totemismus

https://de.wikipedia.org/wiki/Psychopompos

https://de.wikipedia.org/wiki/Keltische_Gottheiten

https://de.wikipedia.org/wiki/Indische_Mythologie

https://de.wikipedia.org/wiki/Garuda

https://de.wikipedia.org/wiki/Nandi_(Mythologie)

https://de.wikipedia.org/wiki/Hanuman

https://de.wikipedia.org/wiki/Makara_(Mythologie)

https://de.wikipedia.org/wiki/Liste_%C3%A4gyptischer_G%C3%B6tter

https://de.wikipedia.org/wiki/Hase_im_Mond

https://de.wikipedia.org/wiki/Liste_von_Fabelwesen

https://de.wikipedia.org/wiki/Visionssuche

https://de.wikipedia.org/wiki/Totem

https://de.wikipedia.org/wiki/Psychopompos

https://de.wikipedia.org/wiki/Totemismus#Individual-Totemismus

https://de.wikipedia.org/wiki/Krafttier

https://de.wikipedia.org/wiki/Totem

https://en.wikipedia.org/wiki/Vision_quest

https://en.wikipedia.org/wiki/Neoshamanism#Power_animals

Bildquellen:

Abb. 1: Burjaten-Schamane mit Trommel im Zeremonialgewand (1904).

https://commons.wikimedia.org/wiki/File:Shaman_Buryatia.jpg

National Library of Russia, gemeinfrei

Abb. 2: Darstellung eines Medizinmannes (Schamanen) der Schwarzfuß-Indianer von Georg Caitlin, 1832, gemeinfrei

https://commons.wikimedia.org/wiki/File:MedicineMan.Catlin.jpg

Abb. 3: Totempfahl, British Columbia

https://commons.wikimedia.org/wiki/File:Totem_Park_pole_1.jpg

This work has been released into the public domain by its author, H at English Wikipedia. This applies worldwide.

Abb. 4: Basilisk, Felix Platter (1546-1558)

https://commons.wikimedia.org/wiki/File:Animal_drawings_collected_by_Felix_Platter,_p2_-_(80).jpg

Abb. 5: Odin mit seinen Raben und Wölfen, Felix und Therese Dahn, 1888; gemeinfrei

https://commons.wikimedia.org/wiki/File:Odhin_thron.jpg

Abb. 6: Ganesha auf seinem Reittier, der Ratte, unbekannter Künstler, um 1820, public domain.

https://commons.wikimedia.org/wiki/File:Thajavur_Ganesha.jpg

Abb. 7: Das Wiegen des Herzens aus dem Buch der Toten, British Museum, unbekannter Künstler, public domain

https://commons.wikimedia.org/wiki/File:BD_Weighing_of_the_Heart.jpg

Abb. 8: Darstellung eines Qilin aus der Ming Dynastie, unbekannter Künstler, 1609 veröffentlicht, public domain

https://commons.wikimedia.org/wiki/File:Qilin_in_sancai_tuhui.jpg

Abb. 9: Abb. 9: Kaiserliche Robe aus dem 18. Jahrhundert. Unten ein Drache, oben der weiße Hase im Mond, der ein Unsterblichkeitselixier mischt; gemeinfrei

https://commons.wikimedia.org/wiki/File:Dragon-and-White-Rabbit-making-elixir-of-immortality.jpg

Die Autorin beschäftigt sich mit fernöstlicher Spiritualität, Meditation, Feng Shui, chinesischer Astrologie und Philosophie. Zu diesen Themen sind weitere E-Books in Planung.

Bereits als E-Book erschienen sind: